Rodulfo González

INCÓGNITA

Isla de Margarita, Estado Nueva Esparta,
Venezuela,
Abril de 2020

Producción
Centro de Investigaciones Culturales
Neoespartanas
(CICUNE)

cicune.org

CONTENIDO

EL AUTOR 9

PROEMIO 11

VERSOS...13

    ORUGA 13

    REJUVENECIMIENTO 13

    ENTREGA 14

    DEMONIOS...14

    PASAJERA 15

    DETENTE 15

    INDOMABLE 16

    RASTROJO 16

    PESADILLA 17

    QUERERES 17

    COLMILLOS..18

    PERRICIDIO...18

    TÍTERE 19

    SACIAR 19

    CASTIGO 20

    CRECIMIENTO 20

    PARCA 21

    SOLEDAD 21

ANDANZA 22

MAL 22

REALENGAS 23

ALABANZA 23

FOSFORERA 24

MILENIOS 24

REFUGIO 25

DUENDES 25

MISTERIO 26

ANDARIEGO 26

PASEO 27

EXPULSIÓN 27

QUÉDATE 28

BÚSQUEDA 30

PLATÓNICO 30

JARDINERA 31

VOLUNTAD 31

INCÓGNITA 32

PENA 33

SAL 34

REGAZO 35

CALLARME 36

APRENDER 37

A DÓNDE 38

ANDARIEGA...39

DETENTE 39

FUERZA...40

EL AUTOR

Eladio Rodulfo González nació en el caserío Marabal, más tarde convertido en parroquia homónima del Municipio Mariño, Estado Sucre, Venezuela, el 18 de febrero de 1935.

Es licenciado en Periodismo, investigador social y poeta. Prescinde del nombre para firmar todos sus textos en poesía o en prosa.

Como poeta, además de este libro, ha publicado los libros *¡Cómo dueles, Venezuela!*, *Elegía a mi hermana Alcides*, *A Briceida en Australia*, *Guarumal*, *Poemas disparatados*, *Cuitas a la amada*, *Entre sueños*, *La niña de Marabal*, *La niña de El Samán*, *Cien sonetillos*, *Ofrenda lírica a Briceida*, *Covacha de sueños*, *Añoranzas y otros poemas escogidos*, *Prosa poética escogida*, *Brevedades líricas*, *Alegría y tristeza y Poesía política*,

PROEMIO

Desde que en el portal *Poemas del alma* conocí los formatos poéticos japoneses haiku y senryu optó por privilegiar la poesía breve sin descuidar, claro está, el soneto, la décima y el madrigal.

Los breves poemas que conforman esta obra ojalá gusten a la lectoría.

En ellos conviven armoniosamente los textos místicos con demonios, duendes, misterio, refugio, pena, aprendizaje, etc., todos productos de mi imaginación andariega, realenga que busca azarosamente en el rastrojo el fruto que queda luego de la recolección.

VERSOS

ORUGA

La mariposa

primero fue

frágil oruga.

REJUVENECIMIENTO

La primavera

el paisaje bucólico

rejuvenece.

ENTREGA

Mi vida toda,

a la Virgen María,

se la ofrendé

para mi alma sanar.

DEMONIOS

Demonios de la noche

dejad en paz

mis placenteros sueños,

en gloria inmersos.

PASAJERA

Pasajera nocturna

que cabalgáis

en bermejo caballo,

contigo llévame.

DETENTE

Detén tu paso.

¡Oh viajera del río!

en mi covacha.

INDOMABLE

Caballo blanco,

de soberbia belleza.

¡Bestia indomable!

RASTROJO

En el rastrojo

del amor que se fue

quedaron huellas.

PESADILLA

¡Oh pesadilla!

¡Tan oronda en mi sueño!

Me aterrorizas.

QUERERES

Te quiero mirto.

Te quiero girasol.

Te quiero rosa.

COLMILLOS

Voz ahuecada,
colmillos afilados
como de monstruo.

PERRICIDIO

Terrible muerte.
Proclamación infame
contra los perros.

TÍTERE

Mágico amigo
que a los niños divierte.
¡Eres travieso!

SACIAR

Agüita clara
de edénico jardín-
¡Sacia mi sed!

CASTIGO

Purgan sus crímenes

en el lago de fuego

los dictadores-

CRECIMIENTO

Bebí gustoso

del agua de la vida

para crecer.

PARCA

¡Un año más!

¡Cuán cerca de la parca

me encuentro ya!

SOLEDAD

¡Cuánto te gusto,

amada soledad! .

Muero sin ti.

ANDANZA

Realengo anduve
entre la selva oscura
de los milenios.

MAL

Por siempre habrá
un mal mayor que el nuestro.
¡Oh poesía!

REALENGAS

Aves realengas.

¡Ay, tanta libertad!

¡Ay, indómita belleza!

ALABANZA

Dame, Señor,

suficiente humildad

para alabarte.

FOSFORERA

La fosforera

de Hans Christian Andersen

murió de frío.

Descansa en el cielo

MILENIOS

Pasé milenios

buscándote, bien mío,

hasta encontrarte.

REFUGIO

En tu regazo
siempre encuentro, cielo,
grato refugio.

DUENDES

Está la noche
preñada de penumbra.
Temo a los duendes.

MISTERIO

Están los valles

cargados de misterio.

¡Qué encantador!!

ANDARIEGO

Traje de pobre,

ligero de equipaje.

para cruzar caminos

desconocidos.

PASEO

Fue de paseo
el fantasma amistoso
de mi castillo
de sueños turbulentos.

EXPULSIÓN

Te suplico, María,
de todo corazón,
que expulses de mis sueños
a todos los intrusos.

QUÉDATE

¿Por qué te fuiste
al despertarme,
amada de la noche
´pletórica de amor?

Cuando en mi sueño
visites nuevamente
mi onírica pradera,
te ruego que te quedes.

Cuando despierte.
quiero que estés
conmigo apasionada,
desnuda, lujuriosa-

Quiero besar
todo cuerpo
y quiero que tus labios
gusten, sensual, el mío.

Amor, amor,
lágrimas mías
que secarán tus labios

carnosos cual de fresas.

Por siempre quédate,
amor idealizado,
no quiero que te vayas,
no quiero quedar huérfano.

BÚSQUEDA

Te busqué, amor,

con bíblica paciencia.

y te encontré

entre poemas líricos.

PLATÓNICO

A Briceida

Amor platónico;

amor inalcanzable.

amor edénico,

amor sublimizado.

JARDINERA

¡Oh jardinera!

riega con agua de amor

mi rosaleda.

VOLUNTAD

¡Oh voluntad!

Controlas mis demonios

y los ocultas

en lóbrega mazmorra.

INCÓGNITA

No me dijo su nombre,
ni se lo pregunté.
Sólo sé que la quise.
Sólo sé que se fue.

¿A qué lugar viajó
la incógnita mujer?
Azucena dormida,
rosa desmayada.

¿La quise ciertamente?
Cual estrella fugaz,
desde insólito cielo,
cayó sin lastimarse.

¿Un sueño o realidad?
¿Poética demencia?
¿Anhelos secuestrados?
¿Desvarío de loco?

PENA

Siento en el alma

mucha pena, Dios mío,

¿Me das consuelo?

SAL

1

Sal de mi mente.
fantasma tenebroso
que me atormentas,
me torturas y me hieres.

2

¡Oh sal bendita!
Ingrediente de vida.
Origen del salario.
Huésped del mar.

REGAZO

En tu regazo,
me siento tan a gusto
¡Oh poesía!
Amada compañía
en mi infortunio.
Quédate siempre.
Te necesito
para seguir viviendo,
para seguir luchando
contra fantasmas
que me atormentan
y me amortajan.
estando vivo.

CALLARME

Callarme preferí
cuando la furia
-¡Tan mala consejera!-
me obnubiló.

Y a mis oídos
con cera taponé
cuando la ofensa
llegó a mi vera.

APRENDER

Más he aprendido

de mis múltiples errores

¡Oh alma mía!

Lirio absorto de belleza,

que de los escasos aciertos.

A DÓNDE

¿A dónde fuiste, amor,
que no te encuentro?
¡Tantos milenios juntos!
¡Tantos milenios locos!
Todo perdido.
Sueños marchitos.
Esperanzas dispersas.
Un llanto contenido.
Búsqueda inútil
entre los mirtos,
entre las amapolas
de belleza marchita.
¿En cuál galaxia
estás, amor?
¿A qué mundo te fuiste,
Musa de ayer, de siempre?

ANDARIEGA

Andariega incansable,
con botas de mil leguas.
Hermana de los vientos,
Nómada impenitente.

Andariega preñada
de prodigiosa luz.
¿Acaso eres gitana?
¿Acaso eres relámpago
que anuncias mis tormentas?

DETENTE

Detén tu paso.
¡Oh viajera del río!
en mi covacha.

FUERZA

Quiero, Señor,
fuerza para abatir
los demonios que turban
mi vida toda.

Dame, Señor,
fuerza para vencer
tantos demonios crueles
que al mundo azotan.

Demonios verdes
vestidos de esperanza.
Demonios rojos
vestidos de mentira.

Demonios que amortajan
a la humanidad,
con falsas promesas
de bienestar.

Demonios: ¡Huyan del mundo!
Dejen que la gente
en paz conviva.
¡Libertad! ¡Libertad!

www.ingramcontent.com/pod-product-compliance
Lightning Source LLC
Chambersburg PA
CBHW051407150726
48000CB00003B/1362